Caminando por la comunidad

# Una ciudad

Peggy Pancella

Heinemann Library
Chicago, Illinois

Customer Service   888–454–2279

Visit our website at www.heinemannlibrary.com

Translation into Spanish produced by DoubleO Publishing Services
Photo research by Jill Birschbaum
Designed by Joanna Hinton-Malivoire and Q2A Creative
Printed in China by South China Printing Co.

10 09 08 07 06
10 9 8 7 6 5 4 3 2 1

**Library of Congress Cataloging-in-Publication Data**
Pancella, Peggy.
   [City. Spanish] Ciudades / Peggy Pancella.
      p. cm. -- (Caminando por la comunidad / Peggy Pancella)
   Includes bibliographical references and index.
   ISBN 1-4034-6232-1 (hard : lib. bdg.) -- ISBN 1-4034-6238-0 (pbk.)
   1.  Cities and towns--Juvenile literature. 2.  City and town life--Juvenile literature.   I. Title. II. Series.
   HT152.P3618 2005
   307.76--dc22
                              2005026093

**Acknowledgments**
The author and publisher are grateful to the following for permission to reproduce copyright material: Corbis pp. **4** (right), **6**, **14**, **25**; Getty Images pp. **5** (bottom, Photodisc/Jeremy Woodhouse), **5** (top, Photodisc/McDaniel Woolf), **7** (Donovan Reese), **9** (Photolink/Photodisc), **10** (Photolink/Photodisc), **15** (Jeremy Hoare), **24** (Larry Brownstein); Heinemann Library pp. **4** (left, Robert Lifson), **8** (Jill Birschbach), **11** (Brian Warling), **13** (Jill Birschbach), **16** (Robert Lifson), **17** (Robert Lifson), **18** (Greg Williams), **19** (Robert Lifson), **20** (Robert Lifson), **21** (Brian Warling), **26** (Robert Lifson), **27** (Robert Lifson), **29** (Robert Lifson); Photo Edit, Inc. **12** (Rudi Von Briel), **22** (Barbara Stitzer), **23** (Mary Kate Denny), **28** (Tony Freeman)

Cover photograph reproduced with permission of Getty Images (Taxi/Ron Chapple)

Algunas palabras aparecen en negrita, **como éstas**.
Puedes averiguar lo que significan en el glosario.

# Contenido

# Vamos a visitar una ciudad

En todos los lugares la gente vive en **vecindarios.** Un vecindario es una parte pequeña de una **comunidad** más grande, como una ciudad o un pueblo. La gente y los lugares de un vecindario ayudan a hacerlo especial.

4

Algunos vecindarios son parte de ciudades. Una ciudad es una comunidad muy grande. Puede tener miles o incluso millones de personas. Una ciudad y las comunidades de sus alrededores forman el **área metropolitana**.

# Hogares

La gente vive en todas partes de una ciudad. En el **centro** de la ciudad, la mayoría de la gente vive en apartamentos. A veces los apartamentos se construyen en fábricas antiguas y edificios de oficinas.

Algunos edificios de apartamentos son muy altos.

Estas casas estan todas unidas en fila.

Fuera del centro, la ciudad se divide en muchos **vecindarios**. La gente vive en casas, apartamentos o **casas adosadas**. Los hogares de cada vecindario usualmente se parecen de alguna forma.

7

# Transporte

Los autobuses llevan a la gente por la ciudad.

En las ciudades, alguna gente usa carros para ir de sitio en sitio. Pero las calles de la ciudad usualmente están llenas de gente. Algunas personas eligen caminar o ir en bicicleta. Otras usan autobuses o taxis.

La gente llega a la ciudad para trabajar, ir de compras o asistir a eventos especiales. Puede ir en autobuses, trenes o en el **metro**. Algunas personas se juntan y van al trabajo en el mismo carro para ahorrar dinero.

Los trenes pueden transportar a muchas personas en un solo viaje.

# Escuelas

Las ciudades tienen muchos niños, así que necesitan muchas escuelas. La mayoría de los vecindarios tiene al menos una escuela. En el **centro** de la ciudad también hay escuelas.

Las escuelas en las ciudades necesitan tener espacio para muchos estudiantes.

Los niños en las escuelas de las ciudades se divierten jugando al aire libre.

Los edificios de las escuelas en las ciudades a menudo son muy grandes. La mayoría tiene áreas de recreo cerca. Algunos niños pueden ir caminando a la escuela de su vecindario. Otros van en bicicleta, carros, autobuses escolares, autobuses de la ciudad o en **metro**.

# Trabajar

Mucha gente trabaja en el **centro**. Aquí hay grandes edificios de oficinas y edificios del **gobierno**. También hay tiendas, restaurantes, fábricas y otros negocios.

La ciudad está llena de gente que trabaja.

Los obreros
municipales ayudan
a hacer que la
ciudad sea segura.

Los trabajadores en una ciudad hacen muchos tipos de trabajos diferentes. Algunos trabajan en oficinas, restaurantes o tiendas. Otros construyen y reparan las calles y los edificios que la ciudad necesita.

13

# Mantener la seguridad

Los policías están siempre preparados para ayudar.

Muchos trabajadores ayudan a mantener la seguridad en la ciudad. Algunos oficiales de policía **patrullan** la ciudad en carros. Otros caminan, van en bicicleta o a caballo. Esto los ayuda a moverse con más facilidad entre el tráfico.

Los bomberos y el servicio de **emergencias** también trabajan para mantener segura a la gente en la ciudad. Corren a ayudar cuando la gente está herida, enferma o en peligro. Su trabajo rápido puede salvarle la vida a la gente.

A veces las **ambulancias** llevan rápidamente a la gente al hospital.

# Ir de compras

Las ciudades tienen muchos sitios distintos donde comprar. Hay **grandes almacenes** que venden todo tipo de cosas. También hay otras tiendas que venden productos especiales.

Los grandes almacenes pueden ser edificios muy altos.

La gente puede caminar de tienda en tienda para comprar cosas diferentes.

Los **vecindarios** en las ciudades también tienen muchos sitios para ir a comprar. Estas tiendas son usualmente más pequeñas y venden productos especiales. A veces las tiendas se agrupan en una misma área.

# Comida

Todo el mundo necesita comer. La mayoría de la gente en las ciudades compra su comida en supermercados. Los supermercados grandes venden muchos tipos de comida. Algunos **vecindarios** tienen tiendas más pequeñas y **mercados agrícolas**.

Los supermercados en las grandes ciudades venden muchos tipos diferentes de comida.

La gente disfruta comiendo al aire libre en los días de buen tiempo.

Las ciudades tienen muchos sitios donde se puede comer. Hay restaurantes de comida rápida y **cafés** en las aceras. Algunos restaurantes sirven comida de otros países. A veces incluso puedes comprar comida de vendedores en la calle.

# Bibliotecas

Una gran ciudad necesita muchas bibliotecas. A menudo hay una biblioteca principal en el **centro.** La gente puede pedir prestados libros o buscar información. También puede apuntarse a grupos de lectura o usar computadoras.

La mayoría de las ciudades tiene una gran biblioteca principal en el centro.

En algunas
bibliotecas se
pueden ver videos
y escuchar música.

Muchas bibliotecas en la ciudad tienen
**sucursales** en **vecindarios**. Las sucursales de las
bibliotecas comparten libros y otros materiales de
la biblioteca principal. Ofrecen muchos de los
mismos programas que la biblioteca principal.

21

# Dinero y correo

Las ciudades tienen muchos bancos para guardar el dinero de la gente. Los bancos principales están usualmente en el **centro** de la ciudad. Estos bancos a menudo tienen **sucursales** en los **vecindarios** de la ciudad.

Los bancos guardan el dinero de la gente en un sitio seguro para cuando la gente lo necesite.

Los trabajadores clasifican el correo en la oficina de correo.

También las oficinas de correo tienen una oficina principal en el centro. Tienen sucursales en los vecindarios. Los carteros a menudo reparten el correo a pie porque los edificios de la ciudad están unos al lado de otros.

# Otros lugares en la ciudad

Las ciudades tienen miles de edificios importantes. En un **ayuntamiento**, los líderes del **gobierno** hacen planes y reglas para la ciudad. Las ciudades también tienen muchas iglesias, templos y otros lugares para servicios religiosos.

Muchas iglesias en las ciudades son muy grandes y tienen mucha decoración.

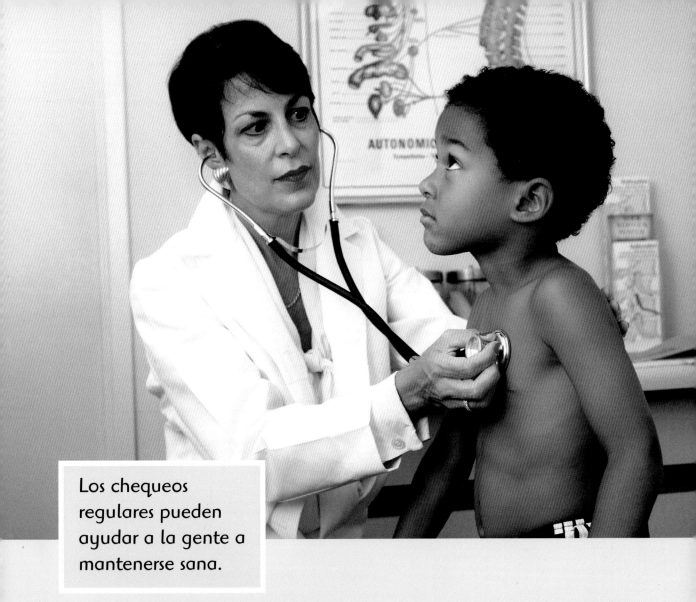

Los chequeos regulares pueden ayudar a la gente a mantenerse sana.

Las ciudades tienen muchos consultorios médicos y hospitales. Aquí la gente puede curarse cuando está enferma o herida. Estos edificios pueden estar en el **centro** o en **vecindarios** de la ciudad.

# Divertirse

Se puede hacer muchas cosas divertidas en la ciudad. La mayoría de las ciudades tiene parques, áreas de recreo y jardines donde la gente disfruta. También hay campos para jugar pelota, senderos para las bicicletas y muchos otros lugares para hacer actividades al aire libre.

Incluso en el **centro** la gente disfruta al aire libre.

Las grandes ciudades a menudo tienen **estadios** donde la gente puede ver jugar a los equipos deportivos.

Las ciudades tienen muchos sitios para visitar. Hay **museos** de arte, historia y ciencias. También puede haber **acuarios** y zoológicos. La gente también puede ir a ver obras de teatro o disfrutar de conciertos de música.

# Se juntan en la ciudad

La gente en las ciudades recoge comida para compartirla con gente que la necesita.

Una ciudad tiene muchos **vecindarios**, pero sigue siendo una gran **comunidad**. La gente se junta para ayudar a otros. Comparte comida, ropa y otras cosas. Recauda dinero y pone en marcha programas especiales para personas necesitadas.

La gente en los vecindarios de la ciudad también se divierte junta. Puede tener fiestas, desfiles y otros eventos especiales. La gente comparte comida, música, juegos y diversión. Todas estas cosas hacen que las ciudades sean muy buenos lugares para vivir.

La gente en las ciudades celebra junta los días especiales.

# Glosario

**acuario**   lugar donde se pueden ver animales y plantas que viven en el agua

**ambulancia**   vehículo para emergencias que lleva gente enferma o herida

**área metropolitana**   área que incluye una ciudad y las comunidades de sus alrededores

**ayuntamiento**   edificio donde se reúnen los líderes de la ciudad

**casa adosada**   casa que está unida a las casas del lado, usualmente en una fila

**café**   restaurante pequeño

**cajero automático**   máquina de un banco que la gente usa para depositar y retirar dinero

**centro de la ciudad**   zona comercial central de una ciudad

**comunidad**   grupo de personas que vive en un área, o el área en la que vive

**emergencia**   algo que ocurre de repente y te hace actuar rápidamente

**estadio**   edificio grande para deportes y otros espectáculos

**gobierno** gente que hace reglas para una comunidad, o las reglas que hace

**gran almacén** tienda grande que vende muchos tipos de cosas diferentes

**mercado agrícola** lugar donde la gente vende productos que se cultivaron o hicieron en una granja

**metro** tren que viaja bajo tierra

**museo** lugar donde se muestran objetos importantes o especiales

**patrullar** moverse por un área para mantenerla segura

**sucursal** parte más pequeña de algo más grande

**vecindario** área pequeña de una ciudad o pueblo

**vendedor** persona que vende

# Otros libros para leer

Jones, Rebecca C. *Mateo y Mati*. Viking, 1995.

Treays, Rebecca. *Mi ciudad*. Usborne Publishing Ltd., 1999.

Wolff, Barbara M. *Mi abuelito y yo*. Wonder Well, 1992.

Zolotow, Charlotte. *Mi amiga la señora mayor*. Altea, 1985.

# Índice